Dennis Borghardt

Idyllen

West Indies Mystique

Inhaltsverzeichnis

Griechische und römische Antike

Der Begriff des Idylls weist auf eine Welt im Kleinen hin: Das *eidýllion (εἰδύλλιον)*, als Verkleinerungsform des *eîdos (εἶδος)*, ist im Altgriechischen ein ›Bildchen‹ und bezeichnet Dichtungsformen von geringerem Umfang, die sich auf die Einfachheit und Lieblichkeit des Lebens konzentrieren. Der hellenistische Dichter Theokrit (3. Jh. v. Chr.) setzt in seinen *Eidyllia* das Landleben als ›wahre‹ Form der menschlichen Existenz in Szene. In diesen dreißig überlieferten Gedichten werden unterschiedliche, aus dem Mythos bekannte Figuren wie die Musen, Adonis, Polyphem oder auch Kirke besungen. Die Schreibweise ist dabei ausladend und orientiert sich an Traditionen epischen Erzählens, wie es von Homers Epen *Ilias* und *Odyssee* (spätes 8. Jh. v. Chr.) bereits bekannt war. Wie schon bei Homer ist auch für Theokrits *Eidyllia* der daktylische Hexameter das verbindliche Versmaß. Diese den Rhythmus bestimmende Form wurde nicht nur für Epik und Idyllik zum Erfolgsmodell, sondern findet sich auch in anderen traditionsreichen Gattungen wie im Lehrgedicht. In den Texten der Idyllik kommen häufig Tiere wie Schafe und Ziegen vor, sowie die Hirtenflöte, die eine Verbindung von Musik und Text herstellt. Die Landschaftsdarstellungen werden durch die Beschreibungen von Musik nochmals betont, wodurch die Schönheit und Mystik der Natur einen besonderen Wert erhalten:

> *Süß ertönt, Ziegenhirt, das Flüstern jener Fichte dort bei den Quellen, suß auch spielst du auf der Flöte. Nach Pan wirst du den zweiten Preis davontragen. Wählt jener sich den gehörnten Bock, wirst du die Ziege erhalten; nimmt er als Ehrengeschenk sich die Ziege, wird dir*

zufallen das Zicklein – das Fleisch eines Zickleins aber
ist so lange fein, bis man es melken kann.

(Theokrit: Idyll 1, Thyrsis oder Der Gesang, 1–6;
Prosaübersetzung: R. Höschele)

Auch das Verhältnis zwischen Menschen und Göttern wird hier
in einer klaren Hierarchie vorgeführt: So sehr sich die Hirten
auch anstrengen, die Natur – und sich gegenseitig – im Gesang zu übertreffen, so eindeutig bleibt doch der erste Preis
dem Hirtengott Pan vorbehalten. Die Dichter der Antike trugen
Konkurrenzkämpfe aus, bei denen die Gedichtform der Idylle
eine wichtige Rolle spielte. Wichtig, um Erfolg im Wettbewerb
zu haben, war unter anderem das *mélos* eines Gedichts. Dabei wird auf das sinnlich-musikalische Potential angespielt,
wie wir es bis heute in Ausdrücken wie ›Melodie‹ wiederfinden.

Thomas Eakins: Arcadia (um 1883), Öl auf Leinwand, 98,1 × 114,3 cm. Das
Bild gehört zu einen der wenigen Aktgemälden des amerikanischen Künstlers
und ist heute im Metropolitan Museum of Art in New York zu sehen.

Λῆς, ποῖι ῖαν νυμῷᾶν, λῆς, Αιπόλε, ῖᾶδε καδίξας,
Ω τ' καῖαντες τύῖε ῖεω'λ φον, ᾱ τεμυ εῖκαι,
Συείσδεν; ῖᾱς δ' αῖρᾱς εκῶν ἰν τῶδε νομ ὅζω.

Ein Idyll aus dem 18. Jahrhundert.

Die Charakteristiken der Idyllik sind seitdem immer wieder durch Malerei und Literatur aufgegriffen worden. Zahlreiche Künstler verschafften der Idyllik und ihren Motiven einen festen Platz in der europäischen Kunstgeschichte und folgten auch in der Figurengestaltung regelmäßig antiken Körperidealen.

Will man über klassische – oder auch ›klassizistische‹ – Übernahmen dieser Urformen der Idyllik sprechen, so ist der römische Nationaldichter Vergil (70–19 v. Chr.) aus dieser Rezeptionsgeschichte nicht wegzudenken. Als Ikone der lateinischen Literatur – und als solche bis heute in den Schullektüren vertreten – zeigt sich Vergil sehr vielseitig. Seine Biographie wurde und wird bis heute als eine schrittweise Entwicklung verklärt: von den scheinbar ›naiven‹ Anfängen der Hirtengedichte (*Bucolica*) über die Lehrgedichte vom Ackerbau (*Georgica*) bis hin zum Nationalepos *Aeneis*.

Dass die *Bucolica*, auch als *Eklogen* (*Eclogae*) bekannt, in einem frühen Stadium der schriftstellerischen Karriere Vergils entstanden sind, heißt längst nicht, dass sie als Machwerke

Wikipedia

Darstellung von Vergil in einem Mosaik aus dem 3. Jahrhundert n. Chr. in Trier.

von geringerer Qualität eingestuft werden müssen. Im Gegenteil, vor dem Hintergrund des römischen Bürgerkriegs, der bis 31 v. Chr. (Schlacht bei Actium) wütete, verarbeitete Vergil Themen der Zeitgeschichte in Literatur. Historischer Hintergrund der *Bucolica* ist die Neuverteilung des (Acker-)Landes

Der Anfang der Eklogen in der 1473/1474 geschriebenen Handschrift Rom, Biblioteca Apostolica Vaticana, Vaticanus Palatinus lat. 1632, fol. 3r.

in Cremona und Mantua an 200.000 Kriegsveteranen – was wiederum zu einer Vertreibung tausender Bauern aus den Regionen und Provinzen führte.

Als wohl berühmteste Ekloge aus den *Bucolica* hat die vierte in späteren Jahrhunderten eine bemerkenswerte Wiederentdeckung erfahren. In dieser Ekloge wird die Geburt eines Heilands angekündigt, der ein neues, ›goldenes‹ Zeitalters bringen werde. Dies hat beispielsweise der deutsche Autor Theodor Haecker (1879–1945) als Ankündigung der Geburt Jesu Christi gedeutet. Zusammen mit dem Ausspruch des Kirchenschriftstellers Tertullian einer »von Natur aus christlichen Seele« (*anima naturaliter christiana*) überträgt er diese Interpretation auf Vergil – eine Vermischung von antik-heidnischen und christlichen Elementen, die sich als ›Synkretismus‹ bezeichnen lässt. Vergils Werke inspirierten vor allem durch solche christlichen Neudeutungen die unterschiedlichsten Kunstströmungen.

Das Idyll in Mittelalter und früher Neuzeit

In den europäischen Literaturen und Künsten des Mittelalters wird die idyllische Bildsprache immer wieder aufgegriffen und ausgestaltet. Bereits in karolingischer Zeit (751–919 n. Chr.) werden bekannte Motive der Idyllik in andere Textformen übertragen, wie in Heldenerzählungen, den Artusroman oder finden sich auch in den Liedern der Minnesänger wieder. Besonders bekannt werden idyllische Themen auch durch Liedersammlungen wie die bis heute berühmten *Carmina Burana* (11.–13. Jh. n. Chr.); dort wird die Natur häufig mit dem Thema Liebe verknüpft.

Das Motiv einer idealisierten Natur wird auch nach dem Mittelalter, in der Zeit des Humanismus (14.–16. Jh. n. Chr.), weitergetragen. Diese Art

Wikipedia

Buchmalerei im Codex Buranus: »Der Wald«.

der Naturdarstellung finden man in dieser Zeit vor allem in Form der Pastoraldichtung (von lateinisch *pastor*: ›Hirte‹) wieder. Zentral für die Gestaltung war nun auch der Begriff ›Arkadien‹ für ein Leben im (scheinbaren) Einklang mit der Natur und jenseits gesellschaftlicher Zwänge. Die Fortentwicklung des Idylls in der europäischen Renaissance hat dabei Jacopo Sannazaros Schäferroman, entstanden um 1480 und erstmals veröffentlicht 1504, geprägt. Wie bereits der Titel andeutet, geht es hier um einen ganz besonderen Ort – die im antiken Griechenland verortete Provinz Arkadien. Die Arkadier galten als ältestes, besonders raues, aber auch edles Hirtenvolk, welches in der lateinischen Literatur nach Sizilien umgesiedelt wurde. Überhaupt war die Insel bzw. das Leben auf einer Insel ein beliebtes Sinnbild der literarischen und bildnerischen Idyllik im Humanismus.

Nicolas Poussin: Les Bergers d'Arcadie ou Et in Arcadia ego (1640), Öl auf Leinwand, 85 × 121 cm. Das Gemälde des französischen Malers hängt heute im Louvre in Paris.

Das wesentliche Element in der Vorstellung der arkadischen Freiheit ist der ›Eskapismus‹. Nach dessen Bedeutung konnten Aristokraten vor einer als unerträglich empfundenen Gesellschaft aufs Land fliehen, um dort in einer Schäferidylle mit Hirten zusammenzuleben. In Philip Sidneys großem Schäferroman *Arcadia* (1593) wird das ländliche Leben als ein solcher Gegenentwurf zum städtischen Leben inszeniert. Sidney verbindet hier antike Idyllik – besonders, wie man sie von Vergil her kannte – mit dem mittelalterlichen Ritterroman und der Romanze. Zur Idee vom friedvollen Arkadien zählte auch, dass die Aristokraten ihre Macht symbolisch erhöhten, indem sie ein scheinbar unschuldiges Landleben lebten. Vorstellungen von individueller Freiheit wurden in dieser Zeit generell dem Adel zugeschrieben, bevor diese dann vom Bürgertum in Anspruch genommen wurde.

Wikipedia

Jean-Antoine Watteau: Die Einschiffung nach Kythera (1710), Öl auf Leinwand, 45,5 × 56 cm. Das Gemälde lässt sich im Städel Museum Frankfurt betrachten.

Im Zuge des Aufstiegs einer bürgerlichen Kultur steht die Idylle im 18. Jahrhundert, im Zeitalter der Aufklärung, für das positiv gewertete ›Einfache‹. Salomon Geßner setzt in seinen Idyllen wie etwa *Menalkas und Äschines, der Jäger* (1756) eine wilde, ungekünstelte Natur in Szene. In Johann Heinrich Voß' Gedicht *Luise* (1795) werden idyllische Orte hingegen aus ihrem eigentlichen Bereich der Natur herausgelöst und in die Oberfläche einer Truhe geschnitzt, die zum bürgerlichen Hausrat gehört. So lässt sich das Bürgertum symbolisch mit der Idylle verbinden.

Idyllisch-arkadische Darstellungen werden in dieser Zeit auch als Symbole für Lebensstadien – vor allem von Geburt, Kindheit und Jugend – herangezogen; die bis heute berühmtesten Autoren der Weimarer Klassik zeigen sich immer wieder ausdrücklich mit dieser Ideallandschaft verbunden:

> *Auch ich war in Arkadien geboren,* [1]
> *auch mir hat die Natur*
> *an meiner Wiege Freude zugeschworen,*
> *auch ich war in Arkadien geboren,*
> *doch Tränen gab der kurze Lenz mir nur.* [5]
>
> (F. Schiller: Resignation, 1–5)

– wie Friedrich Schiller es in *Resignation* (1786) ausdrückt und dabei wehmütig an den Frühling (»Lenz«) seines Lebens zurückdenkt. Besondere Berühmtheit erlangte zudem der Ausspruch »Auch ich in Arkadien!« von Johann Wolfgang Goethe, der ihn in seiner *Italienischen Reise* (1813/17) als Motto voranstellte, dann aber in der letzten Fassung des Textes von 1829 doch wieder strich. Goethe bezieht sich in seiner autobiographischen Schrift *Kampagne in Frankreich* (1822) allerdings erneut auf dieses Motto, indem er es in abgewandelter Form als »Auch ich in der Champagne!« dem Text vorausschickt. Zudem stellt Goethe die Szene »Anmutige Gegend« in *Faust II* (1832) in arkadischer Tradition dar. Goethe bezieht sich also immer wieder auf idyllisch-arkadische Motive.

Liebliche Orte

Ein besonderes Thema der Idyllik ist der ›liebliche Ort‹. In seiner lateinischen Tradition als *locus amoenus* bekannt, wird er
zu einem wichtigen Motiv der Naturschilderung von der Antike
bis in unsere Gegenwart. Das Attribut *amoenus* kann auch den
›Anmutigen‹ meinen. Ein *locus amoenus* ist ein idealschöner
Naturausschnitt, zu dem etwa ein Hain, eine Quelle, ein Bach
oder ein Fluss gehören, meist dekoriert mit Laubbäumen und

Wikimedia Commons

Jacob van Ruisdael: Hilly Wooded Landscape with a Falconer and a Horseman
(1650), Öl auf Leinwand, 101 × 127,5 cm. Das Gemälde des niederländischen
Malers befindet sich in Privatbesitz.

Frühlingsidyll im antiken Griechenland, Holzschnitt nach Eduardo Ettore Forti.

Jean-François Millet: Wooded Landscape (1851).

Blumen. Es herrscht eine tiefe Harmonie zwischen Mensch und Natur vor, und nicht selten wird der *locus amoenus* auch als Treffpunkt von Liebenden inszeniert.

In der bildenden Kunst werden die Jahreszeiten mithilfe des *locus amoenus* dargestellt. Der Einklang mit der Natur bedeutet hier einen Einklang der Liebenden vor dem Hintergrund der immer wiederkehrenden Jahreszeiten Frühling, Sommer, Herbst und Winter.

Dass es sich bei alledem um eine idealisierte Natur oder um Utopien handelt, zeigt die auffällige Kombination von realistischen und unrealistischen Elementen – wenn etwa Vogelstimmen gleichzeitig erklingen, die eigentlich nur zu unterschiedlichen Jahreszeiten singen können. Gerade in solchen freien Beschreibungen lässt die Idyllik deutlich erkennen, dass es um kein bloßes Abbilden der Natur, sondern auch um das Erschaffen eigener Wirklichkeiten geht.

François Boucher: An Autumn Pastoral (1749), Öl auf Leinwand, 259,5 × 198,6 cm. Das Gemälde des französischen Malers ist Teil der Wallace Collection London.

Paradies und Paradiesisches

Ein idyllischer Ort bzw. eine Gegend wird im Christentum häufig von ihren ästhetischen und teilweise erotischen Assoziationen gelöst und zu paradiesischen Vorstellungen weiterentwickelt. Schon die altiranische Wortherkunft von ›Paradies‹, *pairidaeza,* verweist auf einen abgetrennten, ›umwallten‹ (Garten-)Bereich. Der Garten Eden aus dem Hebräischen *edæn* markiert als ›Ort der Wonne‹ den Sehnsuchtsort, der mit der Vorstellung des ewigen Lebens verknüpft wird. Arkadien wurde durch diese christliche Verbindung – besonders im Humanismus und in der Aufklärungszeit – als verlorenes Paradies der Poesie inszeniert. Eine besondere Form sowohl im christlichen als auch heidnischen Sinn bilden die (Lust-)Gärten – etwa in Salomon Geßners *Lycas, oder die Erfindung der Gärten,* wo sich mit Rosenbüschen und Dornensträuchern antik-heidnische und christliche Motive verbinden:

[U]nd dann will ich um den Blumen-Hain her die nahe Quelle leiten, daß er zur kleinen Insul wird, und rings umher will ich einen Zaun von Dornbüschen pflanzen, daß die Ziegen und die Schafe ihn nicht verwüsten. O dann kommet, ihr, die ihr der Liebe lebt, seufzende Turteldauben, kommt dann im Wipfel der Ulme zu klagen, und ihr, ihr Sperlinge, verfolgt euch durchs Rosen-Gebüsch, und singt von wiegenden Ästen, und ihr, ihr bunten Schmetterlinge, haschet euch im Blumen-Hain, und paart euch auf wankenden Lilien. Dann sagt der Hirt, der vorüber geht, wenn ihm die Zephire die Gerüche weit her entgegen

tragen, welcher Gottheit ist dieser Ort heilig? Gehört er der Venus, oder hat ihn Diana so schön geschmückt, um müd von der Jagd hier zu schlummern?

(S. Geßner: Lycas, oder Die Erfindung der Gärten, 40)

William Bouguereau: Les murmures de l'Amour (1889), Öl auf Leinwand, 157 cm × 92 cm. Das Gemälde des französischen Malers befindet sich im New Orleans Museum of Art.

Der Begriff ›Elysium‹ beschreibt, wie solche paradiesischen Orte und Zustände ausgestaltet sind. Er ist – ausgehend vom altgriechischen *Elýsion* (Ἠλύσιον) – eine ›Insel der Seligen‹ am Rand des Erdkreises. Hier halten sich Helden und Halbgötter auf, um unsterblich zu werden. ›Elysische Gefilde‹ (paradiesische Orte) werden in der Aufklärungszeit zu Motiven der Empfindsamkeit und Freundschaftskulten. Dichter huldigten ihren Dichterfreunden, indem sie ihnen in ihren Gedichten Unsterblichkeit verliehen. Das Tempe-Tal in Griechenland, heute ein beliebtes touristisches Ziel und früher ein arkadischer Topos, wurde zur Insel der Glückseligen erklärt – etwa bei Friedrich Gottlieb Klopstock in einer seiner berühmtesten Oden, *Der Zürchersee* (1750) –, worin die Freundschaft als hohes Gut besungen wird:

O so bauten wir hier Hütten der Freundschaft uns!

Ewig wohnten wir hier, ewig! Der Schattenwald

Wandelt' uns sich in Tempe, ⁷⁵

Jenes Thal in Elysium!

(F. G. Klopstock: Der Zürchersee, 73–76)

Besonderen Reiz üben zudem solche Erzählungen aus, die das Paradies gerade aus umgekehrter Perspektive, als verlorenen Zustand, betrachten. In John Miltons epochemachendem

Gustave Doré: Satan und die Schlange. Kupferstich auf einer Ausgabe von John Miltons ›Paradise Lost‹ aus dem 19. Jh. (Buch IX, Verse 182–183).

Paradise Lost (1688) tritt die Schlange als zentrale Figur und Verführerin auf. Der Dämon, der auf sie blickt, befindet sich dabei in einer Landschaft, die an eine verdorrte, mithin *verlorene* Idylle erinnert. Noch vor dem Sündenfall Adams und Evas wird bei Milton der Fokus auf den Höllensturz Satans gelegt. Während zahlreiche Künstler:innen eine religiöse Ästhetik dadurch verfolgen, dass sie etwa den Liebesgott Amor engelsgleich darstellen, besteht die Darstellungsform Miltons mehr darin, Mythen und Figuren der griechischen und römischen Antike mit dem Ziel zusammenzubringen, den Kampf zwischen Gut und Böse zu beschreiben. Das Paradies ist hierdurch auch in seinem Urzustand kein ›bloß‹ idyllischer Ort, sondern auch mit Gefahren verbunden.

Miltons großes Epos, sowie die Illustrationen, die auf dieses Bezug nehmen, betonen die Kargheit und Ödnis der Szenerie. So wird hier eher ein Gegensatz zum Konzept des lieblichen Orts gebildet.

Gegenidyllen

Als negatives Gegenstück zu den lieblichen Orten gilt der
›schreckliche Ort‹. Die Bezeichnung *locus terribilis* wird daher
im Kontrast zu *locus amoenus* verwendet – auch wenn erstere in
der europäischen Literatur- und Kunstgeschichte nicht so popu-
lär war wie die ›amönen‹ Landschaften. Ein *locus terribilis* beschreibt vor allem eine öde oder tote Gegend wie das Gebirge,
die Wüste, die Wildnis allgemein, aber auch Schluchten und
Felsen. Zur Utopie gesellt sich die Dystopie: Ihren besonderen
Reiz entfalten solche schrecklichen Orte und Räume vor allem
in der Brechung von Inhalt und Form – wenn also eine eigentlich tragische Geschichte an einen schönen Ort verpflanzt wird
oder eine ›schöne‹ Geschichte an dystopischen Orten spielt.
Die europäische Literatur- und Kunstgeschichte ist von solchen
Erzählungen geprägt. Bis in die Gegenwart berühmt ist etwa
das Schicksal des Narziss: Als strahlend-schöner Jüngling wird
er von der Nymphe Echo begehrt. Da er sich jedoch grundsätz-
lich allen verweigert, die sich in ihn verlieben, lässt er Echo –
die aufgrund einer Strafe Junos nur die letzten Worte wieder-
holen kann, die von anderen geäußert werden – in Liebeskum-
mer zurück und gelangt schließlich zu einer einsamen Quelle
im Wald – einem Ort, der mit allen Eigenschaften eines *locus
amoenus* ausstaffiert wird. Dort verliebt er sich in sein eigenes
Spiegelbild und begreift nicht, dass es sich nur um eine Was-
serspiegelung handelt. In einer an sich selbst gerichteten Weh-
klage beweint Narziss das unerreichbare Liebesglück – bis er
sich selbst schließlich erkennt und aus Gnade der Götter in eine
Blume verwandelt wird, die wir heute als ›Narzisse‹ kennen.
    Die bis heute bekannteste poetische Darstellung hierzu
stammt aus Ovids *Metamorphosen* und wurde von Caravaggio

Michelangelo Merisi da Caravaggio: Narziss (um 1600), Öl auf Leinwand, 113 × 94 cm. Zu sehen in der Gallerie Nazionali di Arte Antica, Rom.

in ein ebenso berühmtes, mit starken Hell-/Dunkel- (d. h. ›tenebristischen‹) Kontrasten versehenes Gemälde gefertigt. Ovid geht nicht nur im Narziss-Mythos mit idyllischen Themen spielerisch um: Im Rahmen der Erzählung von Pyramus und Thisbe wird eine eigentlich idyllische Landschaft zum Ort des Todes zweier Liebenden. Das in Babylon verortete Liebespaar lebt zwar in direkter Nachbarschaft, darf sich aufgrund der Feindschaft seiner Eltern jedoch nicht sehen. Lediglich durch einen Ritz in der Wand können sie sprechen. Durch diesen Spalt vereinbaren sie ein heimliches nächtliches Treffen unter einem Maulbeerbaum, der schneeweiße Früchte trägt. Thisbe ist früher am verabredeten Ort als Pyramus und trifft dort auf eine Löwin, die an einer Quelle trinkt und noch ein blutiges Maul hat, da sie kurz zuvor erst Vieh gerissen hat. Auf

Pyramus und Thisbe. Aus: Luigi Ademollo: Ovid, Metamorphosen, Florenz 1832.

der Flucht vor der Löwin verliert Thisbe ihren Schleier, der daraufhin von der Löwin zerrissen wird. Der eintreffende Pyramus deutet das Blut am Schleier als Tod Thisbes und stürzt sich in sein eigenes Schwert. Als Thisbe zum Maulbeerbaum zurückkehrt und Pyramus dort sterbend vorfindet, stürzt sie sich ebenfalls in dessen Schwert.

Die Einbettung tragischer Figuren und deren Tode in malerische Umgebungen wird zu einem beliebten Verfahren der europäischen Kunstgeschichte – wie es sich auch an der künstlerischen Ophelia-Gestalt aus Shakespeares *Hamlet* zeigt, an die noch Goethe in seinem *Faust I* (1808) anhand der Gretchenfigur anknüpfen wird. Bei Ophelia spielt nicht nur der Kontrast von ›lieblich‹ und ›tragisch‹ eine Rolle, sondern er zeigt auch den Gegensatz von Schönheit und Vergänglichkeit an.

Wikimedia Commons

John Everett Millais: Ophelia (um 1851), Öl auf Leinwand, 76,2 cm x 111,8 cm. Tate Britain, London.

Zur politischen Dimension des Idylls

Führt man sich vor Augen, wie relativ ereignisarm idyllische Szenerien sind, könnte man leicht auf den Gedanken verfallen, dass Idyllik vor allem eine Flucht aus dem politischen Leben sei – dass mit der Sehnsucht nach Naturnähe, Unschuld und Harmonie auch bestimmte Absagen an ein politisches Engagement verbunden seien; dass sich die durch das Streben nach friedvollen Zuständen gezeichneten Tendenzen bestenfalls als Formen eines losen Pazifismus verstehen ließen. Eine solche Sichtweise passt aber nicht. Auf die Rolle des Adels in der Idylle zur frühen Neuzeit war schon hingewiesen worden. Die Selbstrepräsentation von Adligen wurde zum Bildprogramm: Aristokraten ließen sich in entsprechenden Hirtenkostümen malen; dies diente der Untermauerung ihres Herrschaftsanspruches, getreu der christlichen Losung ›Der Herr ist mein Hirte‹.

Alamy 2G8DH2W

Anthonis van Dyck: Lord George Stuart, 9th Seigneur of Aubigny (um 1638), Öl auf Leinwand, 218 × 133 cm. Das Gemälde befindet sich in der National Portrait Gallery in London.

Im politischen Sinn ausgestaltet wird das Idyllische ab dem späten 18. Jahrhundert immer wieder im Sinne eines National-gedankens. So wurde Goethes idyllisches Epos *Hermann und Dorothea* (1797) dergestalt vom Lesepublikum aufgenommen, dass das ›Deutsche‹ als familiär ausgestaltete Antipode zu den Wirrungen der Französischen Revolution (1789–1799) aufge-fasst wurde. Dies wird besonders am Ende des Texts deutlich:

> [...] *Wir wollen halten und dauern,*   300
> *Fest uns halten, und fest der schönen Güter Besitzthum.*
>
> *Denn der Mensch, der zur schwankenden Zeit auch schwankend gesinnt ist,*
> *Der vermehrt das Übel, und breitet es weiter und weiter;*
>
> *Nicht dem Deutschen geziemt es, die fürchterliche Bewegung*   305
> *Fortzuleiten und auch zu wanken hierhin und dorthin.*
>
> *›Dies ist unser!‹ so laß uns sagen und so es behaupten!*

(J. W. Goethe: Hermann und Dorothea, 300–307)

Während es Goethe allerdings zuvorderst um eine *Vermittlung* zwischen Provinziellem und Kosmopolitischem ging, die man als ›Dialektik‹ bezeichnen kann, zeigten sich im dann im 19. Jahrhundert Bestrebungen, eine regelrechte Nationalidyllik zu entwerfen bzw. aus Goethes revolutionsskeptischem Text herzuleiten. So wird noch der Pädagoge und Publizist Fried-rich Ludwig Jahn, bis heute vor allem bekannt als ›Turnvater Jahn‹, in seinem Werk *Deutsches Volksthum* (1810) Goethes Verse als Motto verwenden, um die Idyllik für einen ›deutschen Volksgedanken‹ politisch zu instrumentalisieren.

Besonderen Einfluss auf die Engführung einer nationa-len – oder auch: nationalliberalen – Politik mit Bürgerlichkeit, die sich immer wieder auf Ideale einer (Familien-)Idyllik beru-fen konnte, nahmen dann Zeitschriften wie *Die Gartenlaube*

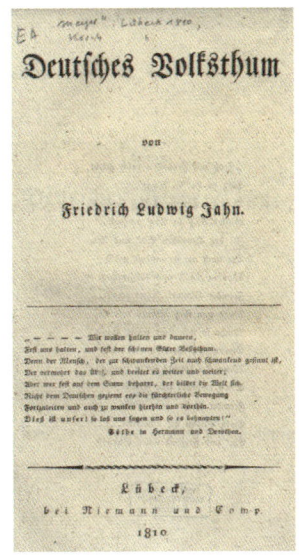

Deutsches Textarchiv.
*(https://www.deutschestextarchiv.de/book/view/jahn_*
volksthum_1810?p=7)

Titelblatt von Friedrich Ludwig Jahn,
»Deutsches Volksthum« (1810).

(1853–1978). Gerade in den ersten Jahrzehnten ihrer Publikation trat sie für die Gründung eines nationalen Einheitsstaates ein und unterstützte dabei auch die Nationalliberale Partei.

Im 20. Jahrhundert wurden Idyllen zunehmend ideologisch ausgerichtet. Seit dem 15. Jahrhundert waren sie mit Humanität und ›einfachem Leben‹ verbunden. Mit dem Aufkommen der Blut-und-Boden Ideologie und der Heimatbewegung in den letzten Jahrzehnten des 19. Jahrhunderts gab es nun einen gemeinsamen Feind: Kunstrichtungen wie Naturalismus und Symbolismus sollten ebenso bekämpft werden wie das moderne städtische Leben im Allgemeinen. In Zeitschriften wie *Deutsche Heimat* (1900–1904) wurde das Bild des ›festen Bodens‹ mit fester, ›unverrückbarer‹ Ideologie enggeführt und die Moderne als nicht-menschengerechte Übergangsepoche, die es zu überwinden gelte, dramatisiert. Traditionelle Geschlechterrollen – wie die arbeitende ›deutsche Frau‹ – wurden dabei völkisch ausgedeutet und als ›Keimzellen‹ von Familie und Gesellschaft dargestellt.

Zweite Auflage.

No. 1.   1853.

Die Gartenlaube.

Familien=Blatt. — Verantwortlicher Redakteur Ferdinand Stolle.

Wöchentlich ein ganzer Bogen mit Illustrationen.
Durch alle Buchhandlungen und Postämter für 10 Ngr. vierteljährlich zu beziehen.

An unsere Freunde und Leser!

Grüß Euch Gott, liebe Leute im deutschen Lande!

In den vielen Geschenken, die Euch der heilige Christ bescheert hat, kommen auch wir mit einer Gabe — mit einem **neuen Blättchen!** Seht's Euch an in ruhiger Stunde. Was wir wollen und bringen — das Alles können wir Euch freilich nicht im Voraus sagen und aus der ersten Nummer werdet Ihr's auch nicht ganz ersehen können; wir hoffen indeß, es soll Euch gefallen.

Wenn Ihr im Kreise Eurer Lieben die langen Winterabende am traulichen Ofen sitzt oder im Frühlinge, wenn vom Apfelbaume die weiß und rothen Blüthen fallen, mit einigen Freunden in der schattigen Laube — dann leset unsere Schrift. Ein Blatt soll's werden für's Haus und für die Familie, ein Buch für Groß und Klein, für Jeden, dem ein warmes Herz an den Rippen pocht, der noch Lust hat am Guten und Edlen! Fern von aller raisonnirenden Politik und allem Meinungsstreit in Religions- und andern Sachen, wollen wir Euch in wahrhaft guten Erzählungen einführen in die Geschichte des Menschenherzens und der Völker, in die Kämpfe menschlicher Leidenschaften und vergangener Zeiten.

Dann wollen wir hinaus wandern an der Hand eines kundigen Führers in die Werkstätten des menschlichen Wissens, in die freie Natur, zu den Sternen des Himmels, zu den Blumen des Gartens, zu den Wäldern und in die Eingeweide der Erde, und dann sollt Ihr hören von den schönen Geheimnissen der Natur, von dem künstlichen Bau des Menschen und seiner Organe, von Allem, was da lebt und schwebt und kreucht und schleicht, was Ihr täglich seht und doch nicht kennt. Und was außerdem noch von Interesse ist im Thun und Treiben der Menschen — Ihr sollt's finden in unserm Blättchen, das zu alle den Dingen, die wir Euch bieten, auch noch verzierende und erklärende Abbildungen bringt von anerkannten Künstlern.

So wollen wir Euch unterhalten und unterhaltend belehren. Ueber das Ganze aber soll der Hauch der Poesie schweben wie der Duft auf der blühenden Blume, und es soll Euch anheimeln in unsrer Gartenlaube, in der Ihr gut-deutsche Gemüthlichkeit findet, die zu Herzen spricht.

So probirt's denn mit uns und damit Gott befohlen!

Ferdin. Stolle, Redakteur.   Ernst Keil, Verleger.

Die Gartenlaube erscheint wöchentlich mit vielen Illustrationen und kostet vierteljährlich nur 10 Ngr. Alle Buchhandlungen und Postäm er nehmen Bestellungen an.
Leipzig, Ende December 1852.

Die Verlagshandlung.

»Die Gartenlaube«, Titelblatt des ersten Heftes (1853).

Vielfältige Anknüpfungspunkte bot das Idyll nach dem Zweiten Weltkrieg auch für die sogenannten sozialistischen Literaturen. Die Idylle wird etwa bei Ingo Schulze als Wunschbild eines einfachen Lebens beschworen, bei Wolfgang Hilbig und in den Hiddensee-Idyllen allerdings als Ziel einer Flucht aus der DDR entworfen und bisweilen – wie etwa bei Valentin Rasputin – als Dorfidylle mit einer dem Traditionalismus verpflichteten Aufgabe verknüpft. Wichtig war bei alledem stets auch ihre Funktion als Propagandamittel der Arbeiterklasse. So sollten besondere Agrarleistungen gewürdigt werden – wie etwa diejenigen der Landwirtschaftlichen Produktionsgenossenschaft ›Walter Ulbricht‹ in Merxleben, welche sich durch »besonders gute Erfolge in der Ernte, der Ablieferung und der Arbeitsorganisation« hervorgetan habe. Im Hintergrund steht hierbei die Idee eines idyllischen Bauernstaates, der in der DDR planwirtschaftlich zur Realisation gebracht werde.

Bundesarchiv / Kollektiv Hecker-Schaar Bild 183-21686-0456

Idylle in der Landwirtschaft 1953. Lehrlinge der Baumwoll- und Leinenweberei »Klara-Zetkin« – Werk II Langensalza, die bei der Kartoffelernte helfen.

Literatur

K. Garber: Europäische Schäfer-, Landleben- und Idyllendichtung. Eine Einladung zum Lesen. Göttingen 2021.

K. Garber: Arkadien. Ein Wunschbild der europäischen Literatur. München 2009.

J. Gerstner et al.: Handbuch Idylle. Verfahren – Traditionen – Theorien. Stuttgart 2022.

S. Geßner: Lycas, oder die Erfindung der Gärten. In: Ders.: Idyllen. Stuttgart 1973, 39–40.

J. W. Goethe: Kampagne in Frankreich. In: Ders.: Werke. Hamburger Ausgabe in 14 Bänden. Herausgegeben von Erich Trunz. Band 10. Hamburg 1954, 187–362.

J. W. Goethe: Hermann und Dorothea. Mit Anmerkungen von J. Schmidt und einem Nachwort von P. M. Lützeler. Stuttgart 1986.

P. Haß: Der *locus amoenus* in der antiken Literatur. Zu Theorie und Geschichte eines literarischen Motivs. Bamberg 1998.

F. G. Klopstock: Der Zürchersee. In: Ders.: Oden. Auswahl und Nachwort von K. L. Schneider. Stuttgart 3. Aufl. Stuttgart 2006, 45–47.

K. Lichtblau: Locus amoenus. Der »liebliche Ort« – ein Topos in der Literatur des Mittelalters. In: Burgen, Länder, Orte. Hg. von U. Müller/W. Wunderlich. Konstanz 2008, 497–510.

F. Schiller: Resignation. In: Ders.: Sämtliche Gedichte. Herausgegeben von G. Kurscheidt. Frankfurt a. M. 2008, 417–420.

H. Seng, Helmut / I. Weiss, Irene M. (Hg.): Bukoliasmos. Antike Hirtendichtung und neuzeitliche Transformationen. Würzburg 2016.

Theokrit: Gedichte. Griechisch/Deutsch. Übersetzt und herausgegeben von R. Höschele. Stuttgart 2016.

D. Thoss: Studien zum *locus amoenus* im Mittelalter. Wien/Stuttgart 1972.

Vergil: Bucolica/Hirtengedichte. Übersetzt und erläutert von Friedrich Klingner. Mit einem Beitrag von Edgar Höricht. München 1977.